엇노리

이든기획시선 014

# 엇노리

**유준호** 시조집

이든북

| 서시 |

어머님 이승에
감아놓은 나이테
꼼꼼히 생각하며 내 마음 여기 푼다.
굽이진 여든여섯 고개
고비마다 맺힌 사연

눈을 감고 생각한다.
머리가 텅 빈다.
눈물이 콧등 타고 빗물로 흐른다.
허! 그래
무슨 말을 더 하랴.
가슴에 바람 분다.

| 차례 |

서시 · 5

## 제1부 추모追慕소리

통痛 · 12
사십구재四十九齋 마치고 · 14

**엇노리 01~28**

01 봄날에 · 16
02 까치 한 쌍 · 17
03 그리움 · 18
04 어버이날에 · 19
05 속살만 남겨놓고 · 20
06 자애慈愛 · 21
07 해오라기난초 · 22
08 절 소식 · 23
09 영정 보며 · 24
10 엄니 뫼 · 25
11 님을 여읜 애절함 · 26
12 당신이 산 세월 속엔 · 27
13 떠나신 날 · 28
14 하관下棺 · 29
15 가을 빗소리 · 30
16 반포지효反哺之孝 · 31
17 환청幻聽 · 32
18 꽃 봄쯤엔 꼭 오소서 · 33
19 손사래 · 34
20 꿈 · 35
21 유택幽宅 · 36
22 이슬 · 37
23 넋 · 38
24 눈물 · 39
25 거울 · 40
26 허무 · 41
27 슬픔 한 잔 · 42
28 낙조落照 · 43

## 제2부 회한悔恨소리

**엇노리 29~58**

29 오! 당신은 • 46
30 북망北邙 • 47
31 산소山所 가는 길 • 48
32 늦가을 빗소리 • 49
33 별 • 50
34 설날에 • 51
35 고아孤兒 • 52
36 보살菩薩 • 53
37 겨울에 • 54
38 쑥 • 55
39 보릿고개 • 56
40 엄니 얼굴 • 57
41 보고報告 말씀 • 58
42 기다림 • 59
43 감각 • 60
44 죄송 • 61
45 꽃 • 62
46 목련미소 • 63
47 무량사랑 • 64
48 사진 • 65
49 저녁놀 • 66
50 선물 • 67
51 실꾸리 • 68
52 내 마음 • 69
53 그리움 • 70
54 갈색 여치 • 71
55 유리창 • 72
56 빈집 • 73
57 돋보기 • 74
58 박꽃송이 • 75

# 제3부 추억追憶소리

**엇노리 59~86**

59 송 수연頌 壽筵 • 78
60 도마소리 • 79
61 정월이 되니 • 80
62 어머님 삼베길쌈 • 81
63 가을 햇살 • 82
64 삶의 모습 • 83
65 팔순 • 84
66 삶의 여적餘滴 • 85
67 새해元旦 해돋이 • 86
68 어머니 일상日常 • 87
69 찬란한 빛 • 88
70 어머님 마음 • 89
71 잿물 • 90
72 우리 집 대밭 • 91
73 보살 되셔 • 92
74 종부宗婦 • 93
75 윤장대를 돌리다 • 94
76 모정 추억 • 95
77 춘궁기 • 96
78 어머님 삶 • 97
79 보리 • 98
80 시냇물 • 99
81 가을 물 • 100
82 아궁이 • 101
83 그 옛날이야기 • 102
84 우수리와 자투리 • 103
85 단풍잎 • 104
86 대보름 밤 달빛 • 105

# 제4부 정감情感소리

**속 엇노리 01~14**

01 울 엄니는 · 108
03 무상원조 커피 받고 · 110
05 소망 · 112
07 만추晩秋에 · 114
09 봄비 당신 · 116
11 삼베 삼기 · 118
13 노고勞苦 · 120

02 빈 미소 · 109
04 찻잔을 보며 · 111
06 하늘과 땅 사이에 · 113
08 호미 · 115
10 귀뚜라미 · 117
12 당신 사랑 · 119
14 빛나는 이별 · 121

## 제5부 붙임소리

서녘바다 바라보니 · 124
불꽃놀이 · 126
어미 마음 · 128
가을빛 · 130
어이 하리 · 132

성자聖子의 한살이 · 125
풀베기 · 127
한로寒露 지나니 · 129
12월 · 131
피아노 연주 · 133

닫는 글 | 여적餘滴 · 134

# 제1부

# 추모追慕소리

Impression III (concert) (1911), Wassily Kandinsky (Russian, 1866 – 1944)

# 통痛
— 갑신년 정월 열엿샛날(음) 묘시에 어머님을 여위고

하늘나라
검은 옷깃 휘날려 온 이를 따라
당신은 흰 날개 두 어깨에 달으시고
조용히 떠나가셨네!
눈 감고 숨 멈추시고.

어젯밤엔 이슥토록
벽을 짚고 다니시며
마지막 끓여드린 죽 몇 술 드시고는
당신은 짚불 삭듯이
목숨 놓고 가셨네!

그 얼마나 애통하냔
조문객들 위로 말에
낮에는 우물우물 건성으로 대답하고
정적이 어둠 누를 때
혼자 통곡 어머니

당신을
지하에로 모셔놓고 무릎 꿇어

가슴 위에 청실홍실 고이 접어 드리고
홍대에 눈물 적시며
목청껏 불렀지만…

내 가슴을 텅! 비우고
당신은 말도 없이
모습을 방울방울 눈물 속에 남기시고
덩그렁 영정에 앉아
고즈넉이 응시할 뿐.

## 사십구재四十九齋 마치고
— 갑신년(2004) 삼월 이십오일(음)


어머님은 살던 집에
정을 놓고 홀로 훌쩍
못 돌아올 먼 길을 이제 아주 떠나시어
당신은 영원한 잠자리
님 곁으로 가셨네요.

이승에서 마지막 밤
쓸쓸하던 당신 모습
그림자로 어른거리며 눈에 자꾸 밟혀서
먼 하늘 바라다보니
흰 구름만 오가네요.

추녀 끝에 빗물처럼
주룩 쏟는 눈물방울
당신의 꽃 잔디를 하염없이 적시고
가슴은 돌에 눌린 듯
답답하고 무겁네요.

온몸으로 목을 놓아
불러 봐도 묵묵부답
당신은 끝끝내 응! 소리 한 번 않고
서러운 바람소리만
앙가슴을 후비네요.

고향 땅에 모셔놓은
못 잊을 당신의 영靈
돌아올 때 차창에 어른거리는 그 모습
그리워 눈물이 울컥
두 볼 적셔 흐르네요.

# 엇노리 01
— 봄날에


어머님!
이승에 와
잠시 소풍하신 다음
돌아가 아버님께
뭐라 말씀 하셨나요.
이승은
아름다우나
고달프다 하셨나요.

어머님!
지난 가을 이승에
뿌린 꽃씨
산 따라 물 따라
봄꽃으로 피네요.
계시는
저승엔 지금
무슨 꽃이 피나요.

# 엇노리 02
― 까치 한 쌍

살구나무 가지 틈에
살림 차린 까치 한 쌍

까 깍깍 목 놓아 아침을 깨우니

행여나 어머님 오실까
눈길 자주 가네요.

아직도 마음 한 쪽
다스리지 못 하는데

까치는 멋쩍은지 앞산으로 날아가고

텅 비인 하늘머리엔
구름만 떠도네요.

## 엇노리 03
― 그리움

  눈감고 어머님 얼굴
먼 하늘에 그립니다.

  고향집 살강엔 거울처럼 윤이 나는 놋그릇이 즐비한데 스물여덟 홀로 된 젊은 한과 토란 같은 자식 사랑 비춰보느라 어머님이 매일매일 눈물로 그 놋그릇 반질반질 닦은 겁니다. 하루에도 몇 번씩 흘러내리는 머리카락 쓸어 올리며 부엌 바닥 질러 앉아 짚수세미 기왓장 가루 내어 문지르며 썩는 속을 달래면서 멀쩡히 구박 놓는 시어머니 숱한 꾸지람 귓전 헐게 들으며 어금니 물고 살았다는 어머님 말씀 살강 밑에 물방울로 매달려 있습니다. 지난겨울 끝자락을 붙잡고 분분한 봄눈 밟으며 떠나가신 어머님이 이승에 사신 일 지금은 아득한 이야기로 내 가슴에 삽니다.

  그리워 어머님! 하고
목청 세워 부릅니다.

# 엇노리 04
― 어버이날에


당신이 떠난 자리 바람만 휑합니다.

지난날엔 가슴에 붉은 카네이션 달아드렸는데, 지금은 하얀 카네이션 당신사진 앞에 고개 숙여 놓습니다.

눈물만 핑 도는 그 꽃에
당신 모습 어립니다.

당신의 고운 손짓 볼 수 없어 속 탑니다.

살아계실 땐 마음 외려 덤덤하여 몰랐는데 안 계시니 그리움, 설음이 관정 뚫은 물줄기로 용솟아 오릅니다.

오늘 밤 꿈에 보일까
당신 모습 그립니다.

# 엇노리 05
### ― 속살만 남겨놓고

어머님은 늘 나를 감싸던 포대기

내 아들딸이 아무리 나이 들고 어른이 되어 아들딸 낳고 살아도 내 가장 아픈 속살이듯이 나 또한 어머니의 가장 아픈 속살일 텐데 어머니는 속살만 남겨놓고 어디로 가셨을까. 어디로 가셨을까.

어느새 눈바람 속으로
훨훨 날아 안 보이네.

# 엇노리 06
― 자애(慈愛)


어머님 놓고 가신
그리움의 자국들

닦아도 닦아내도 지워지지 않습니다.

무심히 디딤돌 밑에
그림자로 남은 자애.

# 엇노리 07
― 해오라기난초

보름새 모시 머리 이젠 누가 빗겨드리나.
주름에 깊이 숨은 샘물눈 언제 볼까.
틀니로 오물거리던 그 입술 마냥 그립네.

해오라기난초 눈썹 어느 하늘 떠도시나.
품어서 나눠준 정 어디서 또 느낄까.
명주실 서려놓은 듯한 말씀소리 선하네.

겨릅대 팔 저으며 어딜 바삐 걸어가셨나.
쓰다듬던 고운 손 언제 다시 만질까.
매일 밤 꿈속일망정 그 얼굴이 아른대네.

# 엇노리 08
— 절 소식


마음 모아 엄니 모신
영주사 가는 길에

내려오는 탁발승께
그 곳 소식 물어보니

흰 구름 내려앉은 골에
나비 훨훨 날더란다.

## 엇노리 09
— 영정 보며

잠시 잠깐 낮잠 자고 일어난 듯만 한데
집안을 다 둘러봐도
어머님은 안 계시다.
나 몰래 대문을 열고 긴 마실 갔나보다.

이 방 저 방 기웃대도 기척은 간데없고
빈 벽에 덩그러니
사진만 걸려 있다.
울음도 다 거둬들고 먼 여행 떴나보다.

# 엇노리 10
— 엄니 뫼


황토 재에 슬픔 딛고 피어난 쑥빛 풋내
봄 잃고 하늘로 떠나버린 엄니사랑
서러워 바람도 설워 앙가슴을 뜯어내네.

두메산골 돌아보며 휘청대는 이 가슴이
만 갈래 시름에 속으로 밤을 울고
올해도 눈썹 자락에 옹이 져 맺힌 눈물

먼 고향 땅 냇바닥에 몸이 닳은 조약돌
반가이 하나 주워 햇빛에 닦아드니
진달래 연한 불 켜든 엄니 뫼 얼비치네.

## 엇노리 11
― 님을 여읜 애절함

강바람에 실려 오는 한 오라기 당신 전갈
저 하늘 달빛 뽑아 바늘귀에 꿰어 들고
앞섶에 시쳐 넣으며 밤 밝히는 그 애절함

눈감아야 선히 뵈는 두고 떠난 당신 모습
주름살은 늘어나고 그리움은 가시 같아
손톱에 고름 잡힌 듯 들쑤시는 그 애절함

깊은 한 못 다 풀은 눈물 서린 당신 목청
진눈깨비 나부끼는 시린 땅에 스러지니
애태워 시름을 켜며 살 그리는 그 애절함

# 엇노리 12
— 당신이 산 세월 속엔

당신이 산 세월 속엔
눈물 밴 강이 있네.

팽이처럼 돌아간
아픔이 맺혀 있네.

못 울을 한숨소리가
나직이 풀려 있네.

당신이 산 세월 속엔
옹이 된 꿈이 있네.

하얗게 바래버린
정한이 숨어 있네.

끝끝내 꽃으로 못 핀
설운 눈짓이 있네.

# 엇노리 13
— 떠나신 날

눈꽃으로 얼어붙은 겨울하늘 하얀 설움
소나무 가지마다 서리서리 서리고
바람도 까무러칠 듯이 밤새워 통곡하데.

어머님 소리 없이 삶을 접고 떠나신 후
먹먹히 내속은 울음으로 가득하고
후회는 바윗돌 되어 가슴팍을 짓누르데.

# 엇노리 14
### ― 하관(下棺)


우리 업던 포대기
여기에 개어놓고

소리도 빛도 없는 저기를 찾아가신

어머님 아지랑이로
풀어진 낭떠러지

# 엇노리 15
― 가을 빗소리


가을비에 흐느끼며 어둠속을 디뎌 밟고
어미 잃은 고양이 야옹대며 바장이니
그 울음 흩는 모습이 나를 꽤나 닮았네.

하늘이 참깨 털 듯 빗방울을 털어 내고
가랑잎 쓸쓸히 창문을 두드리니
괜스레 닫힌 문 쪽에 눈길이 자주 가네.

내 가슴을 적셔 놓는 깊은 밤 빗소리에
귀뚜라미 섬돌 잡고 울음통 비워내니
저 멀리 떠난 엄니 숨결 눈가에 밟히네.

# 엇노리 16
― 반포지효(反哺之孝)


어머님이 가신 곳은 저 먼 하늘 구만리길

생전에 반포지효 못한 죄 어이 하리.

두견도 가슴 아픈지 산을 돌며 울어 예네.

# 엇노리 17
― 환청(幻聽)


꿈속에서 있는 힘껏 불렀다.
어머니이!

영정이 나직이 대답했다.
오오냐아!


깊은 밤
이승과 저승 오간
나만 듣는
귀 울림.

# 엇노리 18
― 꽃 봄쯤엔 꼭 오소서


달빛을 지려 밟고 가시더니
그만 깜빡…

두 손 비벼 비노니 꽃 봄쯤엔 꼭 오소서.

아침녘 거울에 비친
햇살처럼
한번 반짝…

# 엇노리 19
― 손사래


날 낳을 때 배 아파서
소리를 깨무시고

낳아놓고 좋아서
말없이 웃으시고

영면 길 뜨실 때에는
며느리께
손사래만

## 엇노리 20
― 꿈


꿈에 뵈는
어머님 주름살
참 깊네요.

차마
목이 메어 못다 여쭌
많은 말

가신지
아득만 한데
꿈에 뵈니
섧네요.

# 엇노리 21
### ― 유택(幽宅)


어머님 묘 마당에
할미꽃이 앉아있다.

이승이 그리워서
자분자분 나오셨나.

올봄엔
사초해야지
잔디 일어 드려야지.

## 엇노리 22
— 이슬

풀잎 위에 올라앉아 반짝이는 지상의 별

방울방울 구르며 내 슬픔을 깨우는

어머님 영혼이 사는 서방정토 하얀 눈물

## 엇노리 23
― 넋


내 고향 산에 가면
귀촉도 슬피 운다.

한겨울 희끗희끗
날리는 눈발 잡고

오마도 가마도 않고 떠난
어머님
오, 넋이여.

# 엇노리 24
― 눈물

어머님은 가셨어도
내 안에 계십니다.

가끔씩 눈물에 모습이 비칩니다.

행여나 들킬까 싶어
자주 하늘 봅니다.

# 엇노리 25
— 거울


무슨 말이 쓰였을까
못 읽은 글씨 한줄

어머님 방 거울에 어렸다가 쓱 지워진

한겨울 서린 입김에
쓰여 있던
흘림체

## 엇노리 26
— 허무


어머님이 떠나시니
내 마음 텅 비었지.

선잠 자고 깨어보니 무더기진 침묵沈默뿐

자애론 고운 미소는
영정影幀에만 머물렀지.

저승에도 편작扁鵲 있어
손가락 혹 떼셨는지.

잠 못 들어 뒤척이며 머릿속은 백지白紙인데

왜 그리 어머님 생각
생생하고 또렷한지.

# 엇노리 27
― 슬픔 한 잔

당신께서 발효시킨 슬픔 한잔 들이켜니

눈물이 두 줄기로 하염없이 볼 적시네.

그리움 애를 끓이며 괴어올라 부글대고

# 엇노리 28
― 낙조(落照)


보일 듯 말 듯한
어머님 그림자다

하늘로 떠나시어 홀로 묵화 치고 계신

어머님 돋보기 너머
찬란한 눈빛이다.

*위대한 희망은 위대한 인물을 만든다.*
*산은 오르는 사람에게만 정복 된다.*

— **토마스 폴러** 잉글랜드 학자

# 제2부

# 회한悔恨소리

Tanzgruppe (Dance Group) (1929), Ernst Ludwig Kirchner (German, 1880-1938)

# 엇노리 29
― 오! 당신은


오! 당신은 고향을 가꾸시는 천사였네.
해마다 온갖 씨앗 산골에 뿌리시고
김매며 북을 돋워서 알뜰 꽃 피우셨네.

꽃샘추위 번질세라
먹장구름 낄세라
마음 죄며 눈치껏 삶 향기 마련하여
골고루 나눠주시던
거룩한 성자였네.

오! 당신은 천공을 오가시는 선녀였네.
선 고운 날개로 저승 문 사뿐 열고
하얀 깃 살살 흔들며 홀연히 떠나셨네.

# 엇노리 30
— 북망(北邙)


어머님 아롱아롱 눈물 밟힌 먼먼 길을
흰 옷깃 여미어 걸어가신 북망 천리
맨발에 베옷 걸치고 추워서 어이 하리

그 흔한 옥양목을 한두 마쯤 끊어다가
덧버선 몇 켤레쯤 마련해 드릴 걸
어머님 가시는 길목 스산해 어이 하리

# 엇노리 31
### — 산소(山所) 가는 길

봉화산 골짜기로
엄니 뵈러 갔더이다.

멋대로 쭉쭉 뻗어 자라버린 푸나무들

우북이 얽히고설켜
앞길을 막더이다.

효의 낫날 앞세워
오름 길 텄더이다.

산소에 다다르자 헤침 머리 풀잎들

말끔히 다듬어놓으니
짠한 마음 개더이다.

# 엇노리 32
― 늦가을 빗소리

낙엽 지듯 흩어지는 가을비 오는 소리

뼈와 살 틈 비집고 살살이 울린다.

저승에 계신 어머님 쓸쓸히 듣는 소리

## 엇노리 33
― 별


엄동에 수의壽衣 입고
하늘 가신 어머님

후손들 따라올까 걱정이 되었는지

하늘에 사금파리 깨
뿌려놓은 경고문.

# 엇노리 34
— 설날에

차례 상에 단잔 술로
정성껏 절합니다.

구부린 이마 끝에
떠오르는 생각들

어머님!
아들 손자 증손자들
마음자락 여밉니다.

# 엇노리 35
— 고아(孤兒)

눈짓 한번 주지 않고 당신은 떠나셨네.
자리를 텅 비워 나를 고아 만드셨네.
당신은 내 마음 한쪽을 에이고 가셨네.

세끼 밥상 여기 놓고 당신은 나가셨네.
아무리 돌아봐도 나 혼자 남기셨네.
당신은 내 가슴 속에 슬픔을 묻으셨네.

# 엇노리 36
— 보살(菩薩)


물 흐르듯 구름 가듯
흐름에 몸 맡기고

불경 한 줄 외우며
보살로 사시더니

다 두고 빈손인 채로
아득한 길 뜨셨네.

# 엇노리 37
— 겨울에


울음도 **뼈**가 생겨 신음하는 엄니 흰 집
눈발들 나풀대며 언덕바지 넘어가고
억새는 목이 시어서 서걱서걱 흐느낀다.

바람마저 산등에서 가슴 쓸려 엎어지고
얼다가 녹다가 살점이 터져버린
바위 돌 어루만지며 위무하는 독경소리

얼마만큼 내 마음 비워 내야 금강 보나
심장에 치던 천둥 말끔히 재우면
이 가슴 후련 하려나 저 적막 어쩔거나.

# 엇노리 38
— 쑥


생전에
쑥이 좋아
쑥을 찾아
헤맸는데

저승도 쑥 있다면 또 쑥을 뜯으실까.

계신 곳
얼마나 먼지
기척이
없으시다.

# 엇노리 39
### — 보릿고개

오뉴월 보릿고개
달래 캐고 냉이 캐며

세상에 밥도둑 따로 없단 어머님

배곯은 사람만 아는
그 봄나물 겁네요.

가난을 눈곱처럼
눈썹 끝에 매달고

식탐하는 이이들 쓰다듬던 어머님

곱살한 자애의 마음
눈에 자꾸 밟히네요.

# 엇노리 40
— 엄니 얼굴


오동나무 잎이 지듯
보름달로 뚝 졌다.

눈 감아야 더욱 더 잘 보이는 엄니 얼굴

돌아가
비운 자리를
바람이 와 채운다.

## 엇노리 41
― 보고(報告) 말씀


어머님을 못 뵌 지
스무 해 가깝네요.

십년이면 강산도 변한다고 하더니만

해마다 산천이 바뀌어
어쩐지 낯서네요.

듣도 보도 못한 일이
새로 자꾸 생기네요.

열리는 세상이 다 미쳤나 봅니다.

날마다 옥죄는 일이
한두 가지 아니네요.

# 엇노리 42
### — 기다림

봄은 가고 또 와도
돌아오지 않는 이
어느새 자고나면 내 머리 희뜩한데
세월이
칭칭 감아서
안 풀리게 옭아맨 정.

남기고 가신 자국
어제 본 듯 선하고
내 살 속 굽이에는 바람 불고 비 오는데
기다려
기다려 보아도
자취조차 안 뵈는 이.

## 엇노리 43
— 감각

언제나 어머님은 창창할 줄 알았는데
다리 저려 아무데나 주저앉아 주무르고
삐걱댄 허리를 쥐고 세월을 보내셨지.

금침을 맞으시고 신경돌기 바랬는데
해 다르게 환절기엔 젊음마저 허물어져
근육도 살도 다 잃고 홀쭉히 사셨지.

# 엇노리 44
— 죄송


알뜰히 못 챙기고
말로만 얼버무림

어머님 눈빛이 서럽게 고와서

서둘러
고개 숙이고
먹먹해진
죄송함

## 엇노리 45
— 꽃

당신 모습 어디에도 초리도 안 보이고
바스락 말라버린 꽃처럼 사라지니
지나는 바람결에도 한 점 향기 없어라.

당신 얼굴 그리워 문간 현관 바라보면
흘러가 오지 않는 시간만 가물대고
꽃 향을 나눠주시던 그 모습 아득해라.

# 엇노리 46
— 목련미소


목련 봉오리 닮은
어머님 젖가슴

그리워 앞섶 젖혀
파고들던 어린 시절

어디로 사라져버렸네.
티 없는 하얀 미소

# 엇노리 47
— 무량사랑

미움을 다 버리고
애탐도 벗어놓고

강물처럼 구름처럼 살다 가신 어머님

정토에 무량한 사랑
굽이굽이 펴소서.

# 엇노리 48
― 사진


포근히 함박눈이 가지마다 꽃이 된 날
서랍 깊이 넣어둔 사진첩 열어보니
나보다 어린 어머님 꽃 향으로 계셨네.

백합 같은 무명 치마저고리 갖춰 입고
오롯이 그리움 시선 끝에 모은 모습
생전에 토닥여주던 지난날이 떠오르네.

## 엇노리 49
― 저녁놀


저녁놀 자락 끊어
요 만들어 드릴 걸

삭신이 시리달 때 왜 눈치 못 챘을까

저녁놀 이제 곱게 피어도
깔고 잘 이 안 계시네.

저녁놀 보자기에
추위만 싸드렸네.

때늦게 깨닫고 왜 후회를 쌓을까.

저녁놀 얼른 마름질하여
이불 한 채 해 드릴 걸

# 엇노리 50
— 선물

어머님은 내게 처음 사랑을 주시고는

사시며 기쁨을 점지해 주시더니

가시며 내게 눈물샘을 마련해 주셨다.

# 엇노리 51
― 실꾸리


어머님 그리울 젠 실꾸리를 꺼내본다.
물레로 후룩 뽑아 감아놓은 무명실
어머님 내게 물려준 마지막 유품이다.

내 책상 서랍에다 고이고이 간직한다.
어머님 일생이 칭칭 칭 감겨 있어
마음에 눈물 어리고 애틋함이 자란다.

# 엇노리 52
— 내 마음

당신이 가신 해는 낮밤이 어둡더이다.
봄이 와 풀잎에 봄바람이 부는데
슬픔이 푹푹 쌓여서 숨통을 막더이다.

오늘도 창밖에선 흰 눈발 붐비더이다.
당신이 내 마음에 심어놓은 그리움
어느새 입김이 되어 하얗게 날더이다.

## 엇노리 53
― 그리움


봄바람 불어온 날 그리운 얼굴 하나
여기저리 꽃자리에 꽃봉오리 맺히는데
마음은 찬 서리 내린
가을인 걸 어떻게 해

떠나면서 텅 비운 쓸쓸한 얼굴 하나
언제쯤 새봄 올까 꽃은 피고 있는데
마음엔 눈발 날리고
그리움은 안 접혀

## 엇노리 54
— 갈색여치


길모퉁이 풀잎 위에 올라앉은 갈색여치

사마귀 갈퀴 발에 붙잡혀 떨 적에

어머님 손길을 뻗쳐 구원했지 갈색여치


삼생윤회 수레타고 환생해 온 갈색여치

고요를 반주 삼아 보은 곡 찌르르

어머님 봉분 돌면서 연주했지 갈색여치

## 엇노리 55
― 유리창


아침나절 유리창에 김이 서려 뿌옇다.

가물가물 그려진 그리운 얼굴 하나

햇살이 서둘러 오자 스르륵 사라진다.

# 엇노리 56
— 빈집


집안 살림 그대론데 어머님은 안 계시네.

그냥 텅 빈 빈집이네.

어디로 가 안 오시네.

비어서 날로 허전함 그리움이 꽉 채우네.

# 엇노리 57
— 돋보기

생전에 아껴 쓰신 장롱 서랍 열어보니

어머님 쓰시던 돋보기가 거기 있네.

남겨둔 체취가 솔솔 배어든 어머님 눈

# 엇노리 58
― 박꽃송이

산바람이 댓잎으로 피리 부는 여름밤에

어머니는 어둠 젖혀 피어난 박꽃송이

조용히 달빛을 이고 자근자근 웃으셨다

행복은 당신이 열어 놓은 줄도 몰랐던
문으로 살며시 들어온다.

— **존 베리모어** 미국 연극배우

## 제3부

# 추억追憶소리

Landscape with a yellow field (1905), Wassily Kandinsky (Russian, 1866 – 1944)

# 엇노리 59
― 송 수연(頌壽筵)


아프고 쓰린 세월
갈피갈피 지질리고
앞뒤 동산 횃불 씨로 연꽃처럼 사신 길
이순에 펴놓은 자리
잔잔한 웃음이네.

가을하늘 채운 달빛
눈썹에 매어놓고
댓잎 따다 애환 잣아 서리서리 짠 사랑
누리에 밝혀 건져낼
원광보다 고와라.



\* 1978년 음 9월 16일, 장손녀 난주 낭송

# 엇노리 60
― 도마소리


동트면 들려오는
정겨운 도마소리

김장김치 썰어내며 햇살 풀어 밥 안쳤지

날마다 부엌문 미는
어머님 곱은 손길.

샘물 길어 세안하고
한 움큼 베문 미소

꽃 향 같은 천년 사랑 거기 살아 있었지.

언제나 허공 울리는
어머님 도마소리.

## 엇노리 61
― 정월이 되니


가마솥에 끓여주던 뜨물숭늉 한 사발
구수한 그 맛깔이 혀끝에 인박혀
정월도 중순이 되니 어머님 생각난다.

햅쌀밥을 놀놀히 눌려주던 쌀 누룽지
고소한 그 냄새가 코끝에 배어서
정월도 대보름 되니 어머님 헛보인다.

# 엇노리 62
― 어머니 삼베길쌈


삼굿에 쪄 낸 삼을 껍질 벗겨 널었다가
무릎 허벅지 핏발 서게 비벼 삼아
광주리 가득 서려놓고 풀칠하여 매셨지.

날줄 감은 도투마리 베틀에다 올려놓고
씨줄꾸리 북에 담아 날래게 들락날락
손 바꿔 넣고 받으며 바디로 쳐 짜셨지

양잿물로 표백한 베 서너 마쯤 뚝 끊어
참매미 날개처럼 얼비치고 시원한
여름옷 적삼 잠방이 마름하여 지으셨지.

# 엇노리 63
― 가을 햇살


하늘 위로 올라가며 그리움을 수놓는다.

내 생각 끄집어내 당신 얼굴 그려놓고

비워서 맑음을 채우며 내 마음을 씻는다.


쓸쓸함을 총총 꿰어 세월 한줄 엮어단다.

내 가슴 모서리에 당신 추억 시쳐놓고

골짜기 돌아다니며 내 아픔에 불 지른다.

# 엇노리 64
— 삶의 모습

정 그리워 고향에서
고향이 된 어머님

삶의 무게 무거워도 적삼 닳게 짊어지고

이웃집
숟가락 젓가락도
꼽아보며 사셨지.

해마다 눈귀 더욱
어두워도 도리 지켜

마을 안 대소사에 몸을 바친 어머님

봄날에
찾아가 뵈면
진달래로 웃으셨지.

# 엇노리 65
― 팔순

어머님 팔순 넘자
검은 머리 서리치고

눈가엔 눈물만 그렁그렁 맺히고

모를 새 시간의 추는
해넘이에 걸리고

어머님 늙음은
한꺼번에 몰려오고

팽팽하던 숨소리 자꾸만 가빠지고

꼬이는 주름 사이엔
살비듬만 쌓이고

# 엇노리 66
— 삶의 여적(餘滴)


한 줌 사랑 꽃송이로 피어올린 어머님
석류만큼 붉은 정을 팽팽히 당겼네.
오롯이 향기로 빚은 그리움을 확 펴서

한창 나이 이십대에 임을 여읜 어머님
재도 없는 한숨 태워 가슴을 메웠네.
밤마다 은장도 같은 그믐달 품에 품고

# 엇노리 67
— 새해(元旦) 해돋이

바다위에 개어놓은 붉디붉은 천연물감

붓끝에 듬뿍 찍어 설날을 색칠하여

어머님 치맛자락에 두리둥실 띄웠어라.


오로지 자식 앞길 열리라고 비는 마음

동그라니 떠올라 빛살을 쭉쭉 뻗어

어머님 또 한해 어둠 떼밀어 내었어라.

## 엇노리 68
— 어머니 일상(日常)


밤마다 바늘귀에 무명실을 꿰어 놓고

헤어진 버선바닥 터져버린 세월을

덧대어 호며 감치며 기워내고 계셨지.


손끝마다 핏빛 멍이 군살로 남았어도

남모를 속앓이로 인생을 시쳐내고

남루한 자기의 옷은 곱개라 다독였지.

## 엇노리 69
— 찬란한 빛


당신은
먼 하늘로 날아 오른 학이셨다.

사는 길
알뜰히 꾸며준 항아姮娥셨다.

날마다
내 꿈 밝혀준 찬란한 빛이셨다.

# 엇노리 70
― 어머님 마음


누구나 몸 아프면
자다가도 일어나

자신도 모르게 어머니를 부른다.

용케도 듣고 달려와
아픈 데를 물으셨다.

이불 덮고 한 숨만
푹 자라 이르시고

병뿌리 쏙 빠지라 정화수를 떠놓는다.

부르튼 입술 보시고
쯔쯔 쯔 혀 채셨다.

# 엇노리 71
— 잿물


당신은 잿물 내려 빨래할 때 쓰셨지.
마른 짚 푸나무를
태워서 만든 비누
거기다 손발 담그고 옷 모아 빠셨지.

환갑이 넘어서도 손 트게 그일 했지.
날마다 자배기에
쳇다리 걸쳐놓고
앙금을 내리시느라 정신이 없으셨지.

몰리는 집안일에 숨 쉴 틈 없으셨지.
손가락 온 지문이
매끈히 다 닳도록
당신은 몸이 쑤셔도 꾹 참고 견뎠지.

# 엇노리 72
― 우리 집 대밭


바짓가랑이 째지게 함박눈 내려 쌓인
우리 집 대숲엔 어머님 말씀 산다.
바람도 가쁜 숨 쉬며 듣고 본 인생담

비워내 단단해진 왕대 보며 사시었다.
마디에 담긴 아픔 귀대고 엿들으며
속으로 삭혀온 사연 죽실로 매다셨다.

# 엇노리 73
― 보살 되셔


당신은 보살菩薩 되셔
열두 폭 가슴을 펴

오는 이 가는 이 따뜻이 품으시고

남몰래 쉼 없는 보시布施
베풀고 계실거야.

# 엇노리 74
― 종부(宗婦)


젊어서 혼자되신
고달픈 종부였지.

뼈와 살이 다 닳도록 대소사를 다 챙기고
해마다 세세世世 제사 다 받들어 모셨지.

그 누가 뭐라 하여도
유씨 집안 마루지*지.




* 마루지 : 랜드마크의 순우리말

## 엇노리 75
― 윤장대를 돌리다

사월이라 초파일
화엄 금강 눈 뜨는 날
팔정도로 둘러친 윤장대를 돌리시고.
어머님 법당에 앉아
맺힌 멍울 씻으셨지,

우두둑 허리뼈를 부처처럼 곧추 세워
바람소리 새소리로 마음을 닦아내니
안개로 피어오르는 어머님 흑백 생애,

맺힌 한 올을 풀어
계곡물에 흘리고
하루해 지는 노을 하염없이 바라보며
어머님 불경 갈피에
발원 한 줄 끼우셨지.

# 엇노리 76
― 모정 추억


어머님 등잔불로 어둠 태워 만든 바지
솜, 실밥 하나도 새나올까 촘촘 박아
눈 위에 뒹굴어대도 추위가 얼씬 못해…

어머님 일 못 박힌 손마디에 감긴 주름
늘 접고 펴시며 걱정 한번 못 놓은 채
혹시나 자식에 흠갈까 세월을 견디시고…

어머님 평생 한을 꼭꼭 눌러 쓰신 일기
가슴 아픈 사연들 누구 눈에 띨까봐
몇 권을 밤을 새워서 찢어 발겨 없애셔…

# 엇노리 77
― 춘궁기


뻐꾸기도 흐느끼다 목쉬는 젖술 때쯤
낮달을 받쳐 이고 들녘으로 달려가
낫 들고 보릿고개를 베어내던 어머니.

풋보리를 잡아다가 풋고추 장에 찍어
혀끝을 달래면서 가슴을 내리쓸던
그 날을 돌이켜보며 눈물짓던 어머니.

# 엇노리 78
― 어머님 삶


대사리 양지 뜸을 호미 들고 누비셨지.
뒷산 뻐꾸기 울어 예는 골을 따라
해 설핏 넘어가도록 저리게 김 매셨지.

봄가을로 누에치느라 뽕밭에서 사셨지
까먹은 세월 속에 늘어난 근심걱정
휘 한번 한숨 내쉬어 구름에 날리셨지.

## 엇노리 79
― 보리


보리바심 거친 꺼럭 옷 속을 파고들어
살점을 찌르고 마음까지 찔렀지.
그 세월 견디느라고 주름 만든 어머님.

한세월의 고비마다 겉보리를 대껴놓고
배곯음 없으라고 삼신께 비셨지.
삶고 찐 보리밥알로 끼니 때운 어머님.

# 엇노리 80
— 시냇물

쭉 뻗은 집 앞 들에 실뱀 같은 시냇물
빨랫돌에 집안 옷 하나씩 비벼 빨아
흔들어 방천에 널고 허리 펴신 어머님

디딤돌을 디뎌 밟고 마실 오간 시냇물
때때로 달빛 아래 물소리 엿들으며
긴긴 날 쓰라린 마음 헹궈내신 어머님.

# 엇노리 81
### — 가을 물

돌담 곁에 월하감은 떫은 물이 가시었고

먼 산에 나뭇잎들
붉은 물 완연한데

올가을 내 마음 속에는 그리움만 물들고

# 엇노리 82
— 아궁이

검정눈물 장작 삼아 불 지피신 어머님

무쇠 솥 뚜껑위에 한숨 얹어 뜸 드리고

깊은 한 구들에 태워 허공에 날리셨지.

초저녁에 촛불 켜서 어둠 밝힌 어머님

생솔가지 뿌연 연기 아궁이에 지펴놓고

언제나 눈물 쏙 빼며 부엌을 지키셨지.

# 엇노리 83
— 그 옛날이야기


섣달그믐
깊은 밤
등잔심지
돋아놓고

조곤조곤
설빔을
지으시며
들려주신

어머님
그 옛날이야기
아직 귀에
맴돕니다.

# 엇노리 84
— 우수리와 자투리

울 어머니 사랑에는 우수리가 꼭 있었지.

보탬도 모자람도 아예 없이 알맞은

누구나 탐을 낼만한 자투리가 꼭 있었지.

# 엇노리 85
— 단풍잎

단풍잎이 휘익 날아 내 창가를 맴돌았다.

어머님이 보내주신 하늘사연 엽서인가

반가워 손을 내밀자 바람 타고 달아났다.


그 단풍잎 손짓하며 내 목청껏 불러봤다.

부르는 소리는 빈 하늘로 사라지고

뜻 모를 환청만 모여 메아리로 들썩였다.

# 엇노리 86
— 대보름 밤 달빛

어머님 대보름만 쇠시고는 가시었다.
바람도 숨죽인 은은한 빛을 입고
어머님 돌아가시어 대보름달 되셨다.

대보름 밤 달빛이 안마당에 내려왔다.
왜 왔을까. 이 밤에 너울을 쓰시고
온 집안 돌아다니며 미소를 날리셨다.

꼭 올해로 울 엄니 가신지 열아홉 해
말없이 세월은 아득히 흘렀지만
엄니는 달빛이 되셔 그리워 들리셨나.

하룻밤이 지나가고 햇살들이 삐쭉대면
달빛은 어디론가 자취를 감추는데
내년도 이맘때 되면 환하게 또 오실까.

행복은 만족을 모른다. 착시 현상과 비슷하다.
늘 또 올 것만 같은 그 무엇이다.
우리가 행복에 가까워지고 있을 때
행복은 지평선처럼 저 먼 곳으로 달아난다.

― **쇼펜하우어** 독일 철학자

제4부

# 정감情感소리

Bathing Couple (1910), Ernst Ludwig Kirchner (German, 1880-1938)

## 속 엇노리 01
— 울 엄니는

조마조마 두 남매를 키워낸 울 엄니는

매 한번 들지 않고
혼만 내곤 맘 짠해

뒷마루 걸터앉아서 옷고름을 적시셨다.

아침 들기 바쁘게 들밭 매러 나갔다가

뉘엿뉘엿 지는 해를
눈썹 끝에 매달고와

무쇠 솥 행주질하며 한숨을 끓이셨다.

# 속 엇노리 02
— 빈 미소

이 세상에 지천으로
꽃 피어 너울댈 제

몇몇 송이 꽃묶음에
봄이 보여 좋다더니

이제는 사진첩 갈피에
빈 미소로 끼어 계셔.

## 속 엿노리 03
— 무상원조 커피 받고

육이오 끝난 뒤에 무상원조 커피 받고
서둘러 뜯어보니 향긋하나 씁쓸해
고개를 갸우뚱하고 집근처에 버리셨지.

어쩌다 설탕 섞어 끓여보니 숭늉 같아
양푼에 가득 타 사발로 퍼 드시고
들밭일 나가실 때는 물병에 담아 갔지.

버렸던 커피 봉지 다시 찾아 줍느라고
눈에 불을 켜달고 바가지 챙기시어
밤에도 등불 켜들고 집 둘레 뒤지셨지.

## 속 엇노리 04
― 찻잔을 보며

새하얀 달빛이
찻잔에 어린다.

고요한 밤 순백의 어머니 마음인가

자세히 들여다보니
눈가에
김 서린다.

# 속 엇노리 05
― 소망

어머니 꿈만 사는 하늘 신전 뜰 거닐며
생전에 그리시던 선녀 되어 달빛 밟고
행복을 풀어놓으며 빙긋 웃고 계셨으면…

먹구름 비바람도 한 점 없는 고요 속에
근심 걱정 다 버리고 여유를 누리소서.
항아가 마름해놓은 천의무봉 옷을 입고

세속인연 다 벗은 햇살 감긴 얼레 줄에
내 마음 팽팽히 실어서 띄워놓은
어머니 사랑의 연鳶을 하늘에 날렸으면…

# 속 엇노리 06
— 하늘과 땅 사이에

하늘과 땅 사이에 눈바람만 부산한데

어머님 혼을 들고
헤매시면 어쩌나.

내 생각 실밥이 터져 가늠하기 힘들어….

## 속 엇노리 07
― 만추(晩秋)에

단풍잎들 볼때기가
엷어지는 늦가을에

비치는 주름살이 살갗마다 번지니

어머님
서걱거리는
그 마음 뉘라 알리.

# 속 엇노리 08
— 호미


풀을 매고 뽑느라
손마디 부릍게 한

그 호미 왜 평생 옆에 끼고 사셨는지

고달피 사신 모습이
눈에 삼삼 어린다.

# 속 엇노리 09
― 봄비 당신

촉촉한 봄비 되어 이 지상에 내려앉아

가만가만 만상을 보살펴 품는 당신

그리움 한 짐 지고와 살뜰히 풀어놓네.

# 속 엇노리 10
― 귀뚜라미

가을밤을 타고 앉아 악사인양 고요 켠다.

어둠이 짙을수록 울림은 더욱 깊어

내 가슴 들썩이더니 엄니 목청 엮어낸다.

## 속 엇노리 11
― 삼베 삼기

앞니에 홈 생기게
삼베 올을 째셨지

무릎에 핏발 서게
밤낮없이 삼으셨지

고단한 한숨을 섞어
광주리에 서리셨지

## 속 엇노리 12
― 당신 사랑


내 가슴 칼집 속에
꽂혀있는 당신사랑

행여나 녹슬세라 날마다 빼내본다.

조금만 낌새 보이면
마음 불로 담금질

## 속 엇노리 13
— 노고(勞苦)


아버님은
팽팽하신 꽃나이에 산에 들고

어머님은
홀로 남아 뿌린 씨앗 남매 땜에

싹 틔워 키우시느라
허리 시게 살다 가셔…

# 속 엇노리 14
― 빛나는 이별


늦가을에 나뭇잎들 뚝 떨어져
헤어졌다
봄 맞아 다시 피어 살아오는 환생이별
그처럼
빛나는 이별이 진정으로 부럽다.

어버이도 늙으시어 숨을 놓고
영면했다
어느 날 다시 젊어 깨어나는 부활이별
그러한
빛나는 이별이 있었으면 좋겠다.

*이름이 뭐가 중요한가?
우리가 장미라고 부르는 그것은
어떤 이름으로 불러도 향기로울 것이다.*

― **윌리엄 셰익스피어** 영국 극작가

# 제5부

# 붙임소리

Three Riders (1941), Cyprián Majerník (Slovak, 1909 – 1945)

## 서녘바다 바라보니

묵화 한 폭 펼쳐 걸은 불콰한 저녁노을
아쉬운 듯 섭섭한 듯 눈빛을 거두고
제 모습 허물어버리며 사라지는 난바다.

하늘 끝 부여잡고 너울지는 먹빛 파도
갯벌을 드므 삼아 밀물 찰랑 채우고
아득한 섬을 재우는 요람 같은 어스름.

뭇 생명을 비롯는 신의 빛을 가진 어둠
저만치에 물마루 무너뜨려 밀쳐놓고
뱃고동 기다리는지 귓바퀴를 세운 등대.

## 성자聖子의 한살이


수년간을 땅속어둠 입고 살다 기어 나와
햇살아래 걸친 껍질 가지런히 벗은 매미
어깨에
익선관翼善冠 깃을 달고
날아올라 생애 연다.

목청 높여 여름한철 성악가로 지내다가
비울 것 다 비우고 서둘러서 몸을 눕혀
이제는 더 할일 없다고
알 까놓고 임종臨終한다.

우리네는 육식채식 안 가리고 살생殺生인데
아침저녁 이슬 먹고 선업善業 닦아 산 매미
누구라
이 갸륵한 성자聖子에
감히 말을 보태랴.

# 불꽃놀이

밤하늘에 몸을 던져 꽃송이 피워내며

깜짝 쇼를 선보이는 태고의 혼령들

내 희망 꼬드기다가 홀연히 스러진다.


캄캄한 어둠속에 부신 함성 터뜨려서

개벽 힘 보이고는 산란하는 빛살들

내 생애 갈피갈피에 신명을 북돋운다.

# 풀베기

베적삼 잠방이에
짙게 물든
풀물
풀물

낫에 베인 풀포기 아픔 서린 푸른 피다.

내뿜는
싸한 풀독에
농투성이
아린 삶

# 어미 마음
― 우크라이나 참상

폭격으로 집채는 무너져 불길인데

어쩌자고 여인 혼자
허겁지겁 들어가나.

어미로
껴안고 나온 아기
그을린
숯 한 덩이

## 한로寒露 지나니

낙엽 서넛 이마 위에 찬이슬을 묻힌 채

바람에 비껴날아 타향으로 길 떠나고

숯검정 머리카락은 서릿발 쳐 희뜩하다.

쌀알 같은 뭇별들이 부싯돌로 쏟아져서

연기 없는 불꽃을 산비탈에 일으키고

어느새 볼때기에는 주름살 골 깊어진다.

# 가을빛

흐린 허공 말갛게 씻어내며 고와지고
내 생각 끄집어내 성숙을 도와주는
꽃사슴 꼬리만큼씩 짧아진 맑은 눈총

오곡염주 꿰어서 세월 한줄 엮어달고
내 마음 모서리에 추억을 시쳐놓는
선녀가 하늘 물레로 자아낸 투명실올

# 12월

십이월도 하순으로 접어들어 저무는데
눈발이 날리더니 싸락싸락 비 뿌린다.
아직도 가을 겨울이 서로 자리 다투나.

단풍나무 붉은 잎들 송별회를 마치고는
우수수 흩어져 산골 깊이 숨으니
빈가지 홀로 그리워 칼바람에 우는구나.

잿빛하늘 모퉁이에 움츠려든 숨탄것들
지다가 남은 잎을 나풀나풀 흔든다.
한 해도 막바지라서 아쉬워 고비 떠나.

# 어이 하리

단풍잎 볼때기 엷어지는 늦가을
비치는 주름살이 너와 나에 번진다.

너무도 아리고 설운
이 마음 어이 하리.

노을 속에 꽃도 지고 잎도 져 흩날리니
그리움 빗장 풀려 내 가슴에 붐빈다.

한바탕 슬프게 눈부신
빛과 향의 이별 잔치.

물 끓이는 주전자 김빠지는 소리로
젊음이 다 새나가 너도 나도 핼쑥하다.

머리에 서리 내리는
이 계절 어이 하리.

## 피아노 연주
— 베토벤 월광 소나타 제1악장

묘령 여인 손끝에서
달빛이 퍼덕인다.

갈치 떼로 뛰어올라 홀 안 가득 은빛이다.

눈 감고 숨을 죽이니
흰빛 슬픔
쫙
번진다.

| 닫는 글 |
## 여적餘滴

 우리가 온 곳은 어디이며 우리가 가는 곳은 어디인가. 인간은 잠시 이 세상을 빌려 한동안 소풍逍風을 하다가 소풍을 마치면 본디 온 곳으로 간다는데, 본디 온 곳은 하늘인가 땅인가 아니면 어느 미지의 우주인가. 온 곳을 기억하고 있는 이는 아무도 없고, 이승 떠나 저승에 살다 온 이도 없으니 온 곳도 모르고 가는 곳도 모른다. 그러나 세상에 존재하는 만상은 영혼이 있고, 영혼은 자연의 섭리攝理 따라 움직인다고 생각한다.

> 어머니는 내게 등燈을 마련해 주셨습니다.
> 태어날 때 양손에 꼭 쥐어 주셨습니다.
> 앞길을 비추어나갈 등燈 켜서 주셨습니다.
> 어머니는 자기 등燈을 챙겨서 가셨습니다.
> 무거운 어둠을 걷어내며 가셨습니다.
> 저승길 굽이굽이를 등燈 밝혀 가셨습니다.
> ― 「등燈」

 등燈은 어둠을 밝혀 삶길을 열어주는 역할을 한다. 어머니는 내 등燈을 마련해 주시고, 스스로의 등燈을 마련하여 이를 들고 가셨다. 누구에게나 어머니는 하늘이다. 이 하늘이 사라지면 누구나 가슴에 큰 지진을 일으킨다. 그래

내 가슴속 진도震度를 여기에 기록해 보았다. 어머니는 돌아가시어 우주에 존재하는 자연이 되시었다. 엇노리란 말은 사모곡의 순우리말로 이 시조집에는 어머님이 이승에서 사신 모습과 저승에 계실 영자影子를 상상으로 좇아가며 이를 자연 섭리로 펼친 모습이 있다. 어머님은 독실篤實한 불자佛子였으니, 윤회환생 하셨을까. 아마도 극락왕생極樂往生하셨으리라.

  이 작품집은 때늦은 사모의 마음으로 어머님이 사신 86년만큼의 '엇노리' 86곡에, 가신 다음의 그리움을 '속 엇노리'로 하여 14곡을 더하고, 거기에 최근 창작된 일반작품 10편을 덧붙였다. 『엇노리』엔 어머님 삶의 그림자가 숨어 있다. 부족하지만 내 그리움의 하늘인 어머님 영전에 이를 고이 올린다. 여기 보인 작품들은 대부분 그리움을 담은 것들이기에 감성적, 서정적이다.

  이 시조집 발간에 도움을 준 대전문화재단에 감사하고, 이를 위해 애를 써주신 이든북 이영옥 사장님께 고마움을 드린다.

2023년 4월<br>
새울정사에서<br>
유준호

이든기획시선 014
## 엇노리

2023년 5월 8일 초판 1쇄 펴냄
지은이 _ 유준호
펴낸이 _ 이영옥
편집인 _ 최윤지
펴낸곳 _ 도서출판 이든북

등록번호 _ 제2001-000003호
주　　소 _ (34625) 대전광역시 동구 중앙로193번길 73
대표전화 _ 042-222-2536
팩시밀리 _ 042-222-2530
휴대전화 _ 010-6502-4586
전자우편 _ eden-book@daum.net
공 급 처 _ 한국출판협동조합
주문전화 _ (02)716-5616
팩시밀리 _ (031)944-8234~6

ⓒ유준호, 2023
ISBN 979-11-6701-227-2 (03810)
값 12,000원

* 지은이와 협의하여 인지는 생략합니다.
* 이 책 내용과 사진 전부 또는 일부를 재사용하려면 반드시 지은이와
  이든북 양측의 동의를 받아야 합니다.
* 무단 전재 및 복사 배포를 금합니다.

대전문화재단

* 이 책은 대전광역시, (재)대전문화재단에서 지원받아 발간하였습니다.